Lundell · Sun Tzu – Die Kunst des Krieges für Anleger

Dean Lundell

Sun Tzu

Die Kunst des Krieges für Anleger

FinanzBuch Verlag München

Erschienen unter dem Titel
Sun Tzu's Art of War for Traders and Inverstors

AUS DEM AMERIKANISCHEN VON THOMAS HOFER

ISBN 3-932114-16-7

Gesamtbearbeitung: Michael Volk, München
Umschlaggestaltung: Julia Grunow
Satz: SatzTeam Berger, Ellenberg
Druck: Jos. C. Huber KG, Dießen/Ammersee

FinanzBuch Verlag GmbH
Candidplatz 13 · 81543 München
Tel.: 0 89 / 65 12 85-0 · Fax: 0 89 / 65 20 96

INHALT

Einleitung			7
Kapitel	1	Planung – Verstehen der größeren Zusammenhänge	13
Kapitel	2	Kriegführung – Trading und Timing	29
Kapitel	3	Planung eines Angriffs – Entwurf eines Trading-Plans	39
Kapitel	4	Taktische Überlegungen – Bewahren des Halts in wechselhafter Umgebung	47
Kapitel	5	Effektivität – Chancen nutzen	61
Kapitel	6	Schwächen und Stärken – Angriff oder Rückzug	69
Kapitel	7	Manöver – Positionsmanagement	85

Kapitel 8	Taktische Varianten – Seien Sie kein Einbahnstraßen-Trader	101
Kapitel 9	Die Armee auf dem Marsch – Nehmen Sie Ihre Position ein	113
Kapitel 10	Das Terrain – Lernen Sie den Markt und sich selbst kennen	131
Kapitel 11	Neun Situationen – Überlebenstaktiken	157
Kapitel 12	Angriff mit Feuer – Aggressive Aktionen	203
Kapitel 13	Spione – Der Aufbau eines Informationsnetzes	223

Schlußwort 228

Einleitung

In den 20 Jahren, die ich an der Wall Street als professioneller Investor verbrachte, habe ich viele Bücher über Investitionen und Trading gelesen, von Werken für Anfänger bis zu den kompliziertesten Abhandlungen über mathematische Modelle und computergestützte Trading-Methoden. Und doch las ich bis heute nichts, was die Systematik, die den heutigen Märkten zugrunde liegt, so deutlich herausstellt.

Marktteilnahme heißt tatsächlich Kriegführung. Welchen Markt Sie sich auch aussuchen, ihm liegt ein immerwährender Konflikt zugrunde. Es hört nie auf: 24 Stunden am Tag, sieben Tage die Woche. Informationen werden verbreitet und ausgetauscht, Erkenntnisse werden gewonnen und Meinungen werden gebildet. Entsprechend dieser Meinungsbildung wird dann verfahren und der Konflikt wird weitergeführt. Einer Sache können Sie sich sicher sein – ob es sich bei den Märkten um Aktienmärkte, um den Handel mit Zinstiteln, Waren- oder Währungshandel dreht: Es wird Sieger und Verlierer geben.

Freie Märkte sind die letzte Bastion eines unverhüllten Kampfes. Dort gibt es keine Quotenregelungen, keine Regeln, wieviel man gewinnen oder verlieren darf. Die Märkte kümmern sich nicht darum, wer Sie sind, welcher Religionsgemeinschaft Sie angehören oder welche Hautfarbe Sie haben und vor allem machen sie keine Gefangenen – sie töten. Um an diesem Kampf teilzunehmen, müssen Sie Soldat werden. Tatsächlich müssen Sie zugleich Ihr eigener General sein. Sie müssen Informationen sammeln, die vorhandene Lage analysieren, eine Strategie entwerfen und Ihren Plan ausführen. Sie können nur gewinnen oder verlieren – so einfach ist das.

Wenn die Märkte tatsächlich eine Art von Kriegsschauplatz darstellen, auf dem der Verlauf einer Schlacht hin- und her wogt, würde nicht ein guter General stetig die Lage einschätzen und über die Flexibilität verfügen, dem Gegner in die Flanke zu fallen? – Natürlich! Und Sie sollten es genauso machen!

In dieser Schlacht, wenn man die freien Märkte so bezeichnen will, ist die Vielfalt der ›Soldaten‹ oder Marktteilnehmer enorm und weltumspannend und ein jeder dieser ›Soldaten‹ hat ganz andere Ziele und Zeitparameter. Marktteilnehmer unterscheiden sich auch deutlich in der Verfügbarkeit der finanziellen Mittel. Das Faszinierende an dieser Schlacht ist, daß wir uns alle zur selben Zeit auf dem selben Schlachtfeld bewegen. Welche Rolle spielen Sie? Handeln Sie im Auftrag eines großen institutionellen Anlegers mit Milliardenbeträgen? Für eine große Rückversicherung oder einen Rentenfonds? Vielleicht betreiben Sie das Portfoliomanagement für eine Treuhandgesellschaft. Oder vielleicht sind Sie ein auf eigene Rechnung arbeitender Floortrader. Welche Rolle Sie in diesem Krieg spielen, wird über die Art und Weise entscheiden, wie Sie ins Feld ziehen. Einer der interessantesten Punkte an diesem Buch ist, daß obwohl vielleicht keines der beschriebenen Konzepte auf Sie und ihre Lage speziell zutrifft, allein zu wissen, daß es auf andere zutreffen mag, wird Ihnen tatsächlich helfen, Ihre Position zu verteidigen oder Ihnen helfen, Vorteile aus der Marktentwicklung zu ziehen.

Die Kunst des Krieges wurde vor annähernd 2.500 Jahren, im sechsten vorchristlichen Jahrhundert, aus den Lehren des Sun Tzu, eines chinesischen Generals und Philosophen zusammengestellt. Seine Ideen, Vorstellungen und Methoden wurden seither in Asien studiert und als Vorbild genommen. Sein Werk ist Studiengegenstand an Militärakademien und wird in letzter Zeit auch in Tagungsräumen angewandt.

Warum ich dieses Buch schrieb

Als ich zum ersten Mal *Die Kunst des Krieges* las, war ich verblüfft, wie nach 2.500 Jahren Sun Tzus Weisheit und Ideen heute noch für Erfolge in modernen Schlachten und in den weltweiten Märkten sorgen können. Darüber hinaus sind seine Ideen nicht schwer zu verstehen oder schwierig zu verinnerlichen. Man muß nur die entsprechende Situation oder Entwicklung erkennen und die gegebenen Ideen anwenden. Ich persönlich habe wegen der Schriften des Sun Tzu meine Ansicht über die Märkte und mein Marktverhalten geändert und war damit ziemlich erfolgreich.
Die den Lehren des Sun Tzu zugrunde liegende Idee ist, einen Sieg zu erringen, ohne kämpfen zu müssen. So widersinnig das klingt, es wird Ihnen bei der Lektüre dieses Buches deutlich werden. Wenn Sie flexibel sind und sich immer den sich ständig verändernden Marktbedingungen und Ereignissen anpassen, werden Sie sich mit den Umständen im Einklang befinden und nicht gegen sie kämpfen müssen.

Ein Überblick

Die Kunst des Krieges enthält 13 Kapitel – ebenso wie das vorliegende Buch. Da auch das Original eine Serie von Lehrsätzen und Thesen ist, gibt es keinen Handlungsplot, dem man folgen muß. Wie auch immer, Sie werden feststellen, daß es dennoch einen logischen Zusammenhang gibt.

Im ersten Kapitel fordert uns Sun Tzu auf, das große Ganze nicht aus den Augen zu verlieren, eine bevorstehende Schlacht aus einem strategischen Blickwinkel zu betrachten. Von da an führt er uns weiter zu taktischen und schließlich zu rein pragmatischen Überlegungen. Ich war bestrebt, ebenso vorzugehen: Sie sollten unter Berücksichtigung der Zentralbankpolitik und der Makroökonomik einschätzen wann Panikkäufe oder -verkäufe stattfinden und lernen, den für Sie optimalen Handlungszeitpunkt festzulegen.

Was dieses Werk von anderen Büchern unterscheidet ist, daß es über die traditionellen Sun Tzu-Übersetzungen hinausgeht, in denen erörtert wird, wie Wertpapierhändler, gleich ob Anfänger oder Profis, im militärischen Bereich erfolgreiche Strategien verwenden können, um ihr Trading zu verbessern und an der Börse erfolgreich zu sein.

Genauer gesagt, stellt dieses Buch in jedem der 13 Kapitel Untersuchungen parallel zum klassischen Text Sun Tzus an.

Ich hoffe, Sie finden diese Lehren bereichernd und hilfreich für Ihr privates wie berufliches Leben;. sie haben mein Leben unsagbar bereichert.

Meine Danksagungen gelten

Sun Tzu für seine Weisheit und tiefe Einsicht in das Wesen der Dinge
Cao Cao für die Aufzeichnung der Lehren des Sun Tzu
Lionel Giles für seine Übersetzung von *Die Kunst des Krieges* ins Englische im Jahre 1910
Meiner Frau Ellen für ein Leben voll Liebe und Zuneigung

Kapitel 1

Planung – Verstehen der größeren Zusammenhänge

SUN TZU SAGT, …

Krieg sei von entscheidender Bedeutung für ein Volk oder einen Staat. Es ist eine Sache über Leben oder Tod, über Sicherheit oder Ruin. Deswegen müssen wir den Krieg studieren und verstehen.

In der Tat verändert sich die Welt schnell und dramatisch. Während es immer noch Nationalstaaten gibt, hat die nationale Wirtschaft aufgehört zu existieren. Wir haben ein globales Wirtschaftssystem und es ist zwingend notwendig, dies zu verstehen. Sie müssen jeden Aspekt dieses Systems untersuchen, um erfolgreich zu sein.

Versuchen Sie, unser globales Wirtschaftssystem als einen Ozean von Gütern zu begreifen. Wenn ein Sturm eine Region heimsucht, dann herrscht in einer anderen Windstille. Wohin würden Sie Ihr Schiff steuern? Ist Wind in Ihren Segeln? Oder treibt Ihr Schiff dahin? Wird die Dünung Ihr Schiff auf die Klippen werfen?

Sie müssen unser ökonomisches System aus einer globalen Perspektive sehen, um profitieren zu können. Sie müssen sich solcher Faktoren wie der Zentralbankpolitik, liberaler oder konservativer Regierungen, wirtschaftlicher Leistungskraft, relativer Bewertung von Währungen und Zinsniveaus bewußt sein.

Tatsächlich hat jedes Land dieser Erde Debitoren- und Kreditorenmärkte. Waren werden produziert, weltweit gehandelt und in US-Dollar, Deutscher Mark, Yen oder Englischem Pfund oder jeder anderen denkbaren Währung bezahlt.

Sie können sicher sein: Wie Soldaten in einer Schlacht wird das Kapital einen schlechten Markt verlassen und sich einem guten zuwenden. Es liegt an Ihnen, daraus eine strategische Entscheidung abzuleiten.

SUN TZU SAGT, …

im Krieg oder in einem Konflikt gebe es fünf wichtige Faktoren: Das Tao der Moral, den Himmel, die Erde, die Führung und die Disziplin.

Er sagt auch, es sei das Tao, welches die Leute dazu bringt, in Übereinstimmung mit ihren Führern zu ziehen, ohne auf Gefahren zu achten.

Das Tao kann für Sie eine andere Bedeutung haben als für mich. Wohin geht Ihr Markt genau und traden Sie mit dem Markt oder versuchen Sie einen bestehenden Trend umzudrehen. Oder laufen Geld und Leute blindlings einem Bullenmarkt hinterher?
Mir sind viele Händler und Investoren begegnet, die nicht nur die Marktlage falsch einschätzten, sondern ihren Fehler noch verschlimmerten, indem sie sich weigerten zuzugeben, daß sie irrten. »Der Markt läuft falsch«, sagen sie. Tatsache ist, daß der Markt niemals ›falsch läuft‹. Der Fehler liegt bei uns, weil wir daran scheitern, den Markt richtig einzuschätzen.
Mir fallen da die Getreidemärkte von 1995 und 1996 als ein Beispiel dafür ein, wie Leute einem ›heißen‹ Markt hinterherlaufen. Eine ganze Reihe von Leuten, die nicht das Geringste mit Commodities zu tun hatten, erzählten mir, daß man mit Mais- oder Weizenkontrakten handeln sollte. Ein klassisches Beispiel dafür, wie Leute blindlings in einen Markt gehen.

Sun Tzu SAGT, …

Himmel bedeute Nacht und Tag, Kälte und Hitze, Tageszeit und Jahreszeit.

In welchem Zustand befindet sich Ihr Markt? Wird er von Hoffnung, Habsucht, Angst oder Verzweiflung beherrscht? Was können Sie tun? Diese Zustände des Marktes sind sicherlich kein Geheimnis, aber es ist erstaunlich, wie viele Händler und Investoren daran scheitern, sie klar zu erkennen und einzuschätzen, sich zu schützen oder aus den vorhandenen Bedingungen einen Vorteil zu ziehen.

Das beste Beispiel, dessen ich mich entsinnen kann, ist die Kursentwicklung der technischen Werte in den letzten Jahren. Zuerst kauften die Leute diese Werte mit großen Erwartungen. Sie sahen, wie die Kurse in unglaubliche Höhen stiegen, sie wurden gierig und blieben im Markt. Als der Kurs der Aktien nachgab, wurden die Leute ängstlich, hielten aber an den Papieren fest. Schließlich, als die Verluste noch schmerzhafter wurden, verzweifelten sie, kapitulierten und verkauften zu Kursen, die nahe beim Einstiegskurs lagen.

Zugegebenermaßen halten sich Einsicht und Uneinsichtigkeit die Waage, aber es gibt Techniken, die wir verwenden können um erzielte Profite zu schützen oder zumindest ein Desaster zu vermeiden. Sie werden in späteren Kapiteln behandelt.

Sun Tzu sagt, …

das Terrain, solle nach folgenden Merkmalen beurteilt werden: Zeit, Entfernung, Begehbarkeit, und Gefahr.

In welcher Art von Markt befinden Sie sich? Liegt ein Trend vor, oder bewegt sich der Markt seitwärts? Wo liegt die Widerstandslinie, innerhalb welcher Zeit wird der Markt sie erreichen? Wie volatil oder wie gefährlich ist der Markt? Ist es wirklich so einfach, in einen bestehenden Trend einzusteigen?

Der Aktienmarkt in den Vereinigten Staaten in den frühen 90er Jahren ist ein klassisches Beispiel für einen Markt, dem ein starker Trend zugrunde liegt. Täglich floß mehr Geld in die Märkte und die Kurse entwickelten sich entsprechend. Dieser Markt war einfach.

Es gab mehr Investmentfonds, als Aktien, in die diese investierten. Die Investoren brauchten immer nur weitere Fondsanteile zu kaufen, um Geld zu verdienen. Als der Markt immer weiter stieg, vergrößerte sich die Bandbreite der Kursschwankungen ebenfalls. Hoffnung, Gier, Angst und Verzweiflung manifestierten sich in einem solchen Ausmaß, daß sich der Umsatz an der New York Stock Exchange (NYSE) um den Faktor 87 vervielfachte.

Nach seinem dramatischen Anstieg trat der Aktienmarkt in eine Periode der Seitwärtsbewegungen ein. Die Kurse erreichten vormals erzielte Höchststände und Verkäufer drängten auf den Markt, brachten die Preise wieder zu Fall, bis zu dem Punkt, an dem die Nachfrage wieder groß genug war, um Erholungsphasen einzuleiten. Die eingangs erwähnte Volatilität trug sicherlich zur Seitwärtsbewegung der Kurse bei.

Anmerkung: The Curb Exchange – war bis 1921 eine Bezeichnung für die New Yorker Freiverkehrsbörse (AMEX). An der AMEX wird heute immer noch ein Großteil Aktien kleinerer und mittlerer Gesellschaften gehandelt. Der Derivatehandel wird ebenfalls hier abgewickelt.

Sun Tzu sagt, ...

Führerschaft im Krieg bedeute, daß man über Mut, Zuverlässigkeit und Weisheit verfügt.

In unserem Fall bedeutet das: Was bewegt den Markt? Sind die Zinsmärkte den Aktienmärkten voraus? Nehmen die Schwankungen Ihrer Landeswährung – immer relativ zu anderen – die Kursschwankungen im Zinsmarkt vorweg? Oder sind es vielleicht die Preise von Gütern und Dienstleistungen?
Eines der Konzepte, mit denen Sie umzugehen lernen müssen, ist, daß nichts in einem Vakuum passiert. Ereignisse, die einen Markt betreffen, haben Auswirkungen auf andere Märkte. Die Preise von Waren und Dienstleistungen können die Höhe der Leitzinsen beeinflussen, diese wiederum haben Auswirkungen auf die Kurse von Aktien. Verfallende Preise auf dem Aktienmarkt in Japan haben einen direkten Einfluß auf die Kapitalsituation japanischer Banken und dies wiederum beeinflußt möglicherweise die Entscheidung der Geldinstitute, was den Kauf oder Verkauf von Aktiva angeht – zum Beispiel US-Schatzanleihen.

Sun Tzu SAGT, …

Disziplin sei nichts anderes, als die Einhaltung der Kommandokette und die Verwaltung von Ressourcen.

Für einen Trader oder Investor bedeutet Disziplin, daß er ein vorsichtiges und gutes Geld- und Risikomanagement praktiziert. Sun Tzu sagte, daß der General der diesen Prinzipien treu bleibt, siegreich sein wird; ebenso wie Sie.

SUN TZU SAGT, …

alle Kriegführung basiere auf Täuschung. Wenn man stark ist, gibt man vor schwach zu sein und versucht, den Gegner mit einem Köder aus der Reserve zu locken. Wenn der Gegner überlegen ist, weicht man ihm aus.

Dieser Rat ist abhängig von Ihrem Blickwinkel. Nehmen wir einmal an, daß Ihnen eine tragende Rolle in den Währungsmärkten zufällt. Sie denken, daß eine bestimmte europäische Währung gegenüber dem US-Dollar an Wert einbüßen wird. Also bauen Sie sich in aller Stille eine Verkaufsposition im Spotmarkt auf. Wenn sich der Kurs in Bewegung setzt, beginnen Sie auf dem Futures-Markt eine groß angelegte Verkaufskampagne. Sie wissen, daß die Neuigkeit schnell die Runde machen wird, andere werden es Ihnen gleich tun und ebenfalls leer verkaufen, was den Markt in die von Ihnen gewünschte Richtung drückt. Natürlich decken Sie – wiederum in aller Stille – Ihre Position ein, wenn immer mehr Leute beginnen, auf Ihrer Seite in den Markt einzusteigen. Wenn Sie nur ein kleiner Trader sind, sollten Sie sich dieses Szenarios bewußt sein.

Zusammenfassend sagte Sun Tzu folgendes: Der General, der in seinem Befehlsstand viele Überlegungen anstellt, wird gewinnen und derjenige, der weniger plant, wird unterliegen. Ebenso verhält es sich mit einem kleinen Trader oder Investor: Nur wenn Sie die Faktoren, die Ihren Markt beeinflussen könnten, in Ihre Überlegungen einbeziehen, werden Sie Erfolg haben.

KAPITEL 2

Kriegführung – Trading und Timing

Sun Tzu SAGT, …

daß die Männer ihren Kampfgeist verlieren und deren Waffen an Schärfe einbüßen werden, wenn sich Armeen im Kampf befinden und der Sieg lange auf sich warten läßt.

Dies trifft speziell auf professionelle Trader zu, gilt aber auch für jeden anderen Investor, der verzweifelt versucht, Verluste auszugleichen. Übertreiben Sie es nicht. Wenn Sie lange Zeit am Marktgeschehen teilnehmen, dann verlieren Sie an Gewitztheit und gehen unnötige und törichte Risiken ein. Das unvermeidbare Ergebnis wird eine Kette von Verlustgeschäften sein.

Sun Tzu sagt, …

wenn man eine Stadt belagert, wird man seine Stärke und Ressourcen verschleißen. Demzufolge sollte man seine Feinde vernichten und von deren Reserven leben.

Eine heute gebräuchliche Analogie ist ein Baseball-Spiel. Wie gewinnt man ein Spiel? Indem man viele einzelne Punkte erzielt, nicht aber, wenn man laufend versucht, einen Home Run zu schlagen. Es ist besser einige Ticks gutzumachen, oder vielleicht einen achtel Punkt, als auf den ganz großen Sieg zu setzen. Wenn Sie auf den ganz großen Sieg warten und verlieren, dann ist Ihr Kapital aufgezehrt und Sie sind aus dem Geschäft. Es ist besser, wenn Sie Ihre Ressourcen bewahren und diese weise einsetzen. Betreiben Sie vorsichtiges Geld- und Risikomanagement.

Sun Tzu sagt, …

der weise General vernichte nicht nur seine Feinde, sondern teile auch die Früchte des Sieges mit seinen Soldaten.

Wenn Sie Ihr eigener General sind, belohnen Sie sich selbst. Wenn Sie in einer Schlacht siegreich waren, rufen Sie Ihren Broker an und lassen Sie sich einen Scheck auf Ihr Konto ausstellen. Indem Sie sich selbst belohnen, werden Sie sich eine positive Einstellung zum Siegen bewahren.

Sun Tzu sagt, …

das Wichtigste sei der Sieg und nicht die Ausdauer.

Arbeiten Sie lieber smart als hart, lieber kurze als lange Zeit. Nehmen Sie – ungeachtet der Höhe – Gewinne mit, wo sie sich bieten und vermehren Sie das Guthaben auf Ihrem Konto ebenso wie Ihre Belohnungen.

KAPITEL 3

Planung eines Angriffs – Entwurf eines Tradingplans

Sun Tzu sagt, …

das Beste sei es, ein feindliches Land ganz und intakt einzunehmen. Es ist besser, eine Armee gefangenzunehmen als sie zu vernichten, ein Regiment festzusetzen als es zu zerstören.

Sun Tzu wiederholte mehrfach, es sei die beste Taktik, die Pläne seiner Feinde zu durchkreuzen. Die zweitbeste sei die, die feindliche Armee zu attackieren, und die schlechteste sei die, sich auf die Belagerung einer befestigten Stadt einzurichten. Er fuhr fort und wies darauf hin, daß ein ungeduldiger General, wenn er eine befestigte Stadt belagert, ein Drittel seiner Armee einbüßt.

Das folgende Konzept richtet sich vor allem an die größeren Marktteilnehmer, obwohl es auch für kleine Trader von großem Nutzen ist, wenn sie bemerken, daß diese Situation im Markt gegeben ist.
Zuweilen haben zwei beherrschende Marktteilnehmer gegensätzliche Meinungen. Ein typisches Beispiel: Ein Teilnehmer glaubt fest an einen Kursanstieg und engagiert sich auf der Käuferseite, ein anderer ist davon überzeugt, auf der Verkäuferseite richtig zu liegen. Dies sorgt für besonders volatile Märkte. Die Schlacht wird toben, bis einer von beiden kapituliert. Unabhängig davon, wer von beiden im Recht ist – beide werden am Ende enorme Mittel investiert haben. So wird auch der Sieger möglicherweise große Verluste erleiden.
Sun Tzus Auffassung ist, daß Sie eher von einer außenstehenden Position planen sollten, als sich mutig in den Kampf zu werfen. Was sollten Sie tun, wenn Sie ein kleiner Trader sind, der zwischen diese Machtblöcke gerät? Denken Sie wie ein Guerillero: Wenn Sie sich zwischen zwei kämpfenden Armeen befänden, dann wäre es das Beste abzuwarten, welche Seite die Oberhand gewinnt, und sich dann der siegreichen Seite anzuschließen. Auf diese Weise können Sie die süße Frucht des Sieges ernten, ohne selbst an der Schlacht teilzunehmen.

Sun Tzu sagt, …

daß derjenige siegen wird, der weiß, wann es in einen Kampf zu ziehen gilt, und wann ein Rückzug angebracht ist; daß derjenige siegen wird, der weiß, wie man sowohl mit über- als auch unterlegenen Kräften in einen Kampf zieht; daß derjenige gewinnt, der darauf eingerichtet ist, den Unvorbereiteten heimzusuchen; daß derjenige gewinnt, dessen Armee ein Ziel verfolgt; daß der Sieg von der Armee errungen wird, die nicht unter eine zivile Herrschaft gezwungen wird.

Als kleiner, unabhängiger Trader oder Investor müssen Sie sich selbst entscheiden, ob Sie in die Schlacht ziehen oder als Unbeteiligter zusehen wollen, bis die Sache vorüber ist. Wenn Sie in den Kampf ziehen, dann wählen Sie Ihre Seite sorgfältig aus und begrenzen Sie die Mittel, die Sie einsetzen wollen. Es ist besser, vorauszuplanen und abzuschätzen, wann Dritte sich der Schlacht anschließen, um das Ruder herumzuwerfen. Sie wissen, wenn der Markt ein bestimmtes Niveau durchbricht, werden andere versuchen, sich der Sache anzuschließen, um den Ausgang zu beeinflussen und die gegnerische Seite zur Kapitulation zu zwingen. Konzentrieren Sie sich immer auf das Motiv für Ihre Marktteilnahme.

Sun Tzu beschliesst diese Lektion

Wenn Sie sich selbst und den Feind kennen, dann brauchen Sie keine Auseinandersetzung zu fürchten. Wenn Sie zwar sich selbst, aber den Feind nicht kennen, dann werden Sie für jede Schlacht, die Sie gewinnen, eine andere verlieren. Wenn Sie aber weder sich selbst, noch den Feind kennen, dann werden Sie nie einen Sieg erringen.

Wenn Sie Ihre Fähigkeiten und den Markt kennen, werden Sie immer siegen. Kennen Sie Ihre Fähigkeiten aber den Markt nicht, dann werden Sie mal siegen, mal verlieren. Im besten Fall halten sich Gewinne und Verluste die Waage. Wenn Sie aber weder Ihre Fähigkeiten noch den Markt kennen, dann werden Sie ständig verlieren.

Kapitel 4

Taktische Überlegungen – Bewahren des Halts in wechselhafter Umgebung

Sun Tzu SAGT, …

die guten Krieger vergangener Zeiten schlossen zunächst die Möglichkeit einer Niederlage für sich aus und warteten auf die Gelegenheit, dem Gegner die Niederlage beizubringen. Auf diese Weise kann sich der gute Kämpfer gegen die eigene Vernichtung absichern, aber er kann nicht sicher sein, dem Gegner eine Niederlage beizubringen.

Sun Tzu erinnert uns daran, daß wir die Möglichkeit haben, uns gegen eine Niederlage zu wappnen.

Als Händler oder Investoren können wir zwar nicht den Markt kontrollieren, sehr wohl aber, was wir im Markt machen. Wir können Siege erkennen oder Wege, wie man sie erringt, aber wir können sie nicht produzieren. Erinnern Sie sich an das erste Kapitel: Zuerst muß man sich ein Bild von der Gesamtsituation verschaffen. An dieser können wir nichts ändern, aber wir können sehr wohl Pläne machen für den Fall, daß sich an der Situation etwas ändert.

Ich kann mich an eine, von breiten Kreisen erwartete Senkung des Lombardsatzes durch die Bundesbank erinnern. Voraus ging ein jäher Verfall der Deutschen Mark gegenüber dem US-Dollar. Als die Bundesbank den Lombardsatz dann tatsächlich senkte, erholte sich die Deutsche Mark gegenüber dem Dollar und stieg wieder im Wert.

Sie können die Bundesbank nicht veranlassen die Leitzinsen zu ändern. Berücksichtigt man nun die Tatsache, daß der Markt die Zinssenkung erwartet hatte, konnten Sie davon ausgehen, daß diejenigen, die Deutsche Mark leer verkauft hatten, versuchen würden, sich mit Kontrakten einzudecken und eine Rallye auslösen würden. Ihre Strategie sollte sein, kaufbereit im Hinterhalt abzuwarten, bis die Leerverkäufer sich gezwungen sehen, ihre Positionen glattzustellen, was wiederum Ihre Position stärken würde.

Da Sie die Ausgangslage nicht ändern können, ist es Ihre Aufgabe, einen Schlachtplan auszuarbeiten, der alles berücksichtigt, was sich an der Situation ändern könnte.

Sun Tzu SAGT, …

Verteidigung ist für Zeiten unzureichender Stärke, Offensive für Zeiten ausreichender Reserven.

Es gibt eine ganze Reihe von Möglichkeiten, Sun Tzus Worte zu interpretieren. Wenn Sie ein kleiner Trader oder Investor sind, können Sie sich einem Market-Maker nicht zum Kampf stellen. In diesem Fall ist es besser, wie diese zu handeln. Für den kleinen Händler ist es darüber hinaus besser, einen ziemlich sicheren Trade abzuschließen, als zu versuchen, den Markt in eine bestimmte Richtung zu drücken oder die Bewegungen des Marktes vorauszuahnen.

Verwenden Sie Optionen, Futures und andere Hedging-Strategien stets ebenso offensiv wie defensiv.

Verwenden Sie Verteidigungsmaßnahmen wie Optionen, Futures und andere Hedging-Strategien – wenn Sie wollen. Verwenden Sie Stop-Loss-Orders; es ist besser früh einen kleinen Verlust zu realisieren, als später einen großen. Überleben Sie den heutigen Tag, um morgen weiterkämpfen zu können. Werfen Sie niemals gutes Geld schlechtem hinterher. Wenn sich Ihre Investition auszuzahlen beginnt und sie an Stärke gewinnt, dann vergrößern Sie die gewinnbringende Position und nicht eine im Verlust stehende.

Sun Tzu sagt, …

wenn es unvermeidlich ist, sei ein Sieg kein Zeichen von Vortrefflichkeit oder Schlauheit. Ein Laubblatt vom Boden aufzuheben, bedarf keiner großen Anstrengung, die Sonne oder den Mond zu sehen, bedarf keiner scharfen Augen und den Donner zu hören, erfordert kein gutes Gehör. Also erringen gute Krieger einen Sieg, wenn sie keine Fehler machen und sich richtig positionieren.

Wir müssen anders als die Masse denken und ihr zuvorkommen.
Verwenden Sie den »Was wäre wenn«-Ansatz in Ihrem Trading und bei Ihren Investitionen. Entwickeln Sie einen Aktionsplan auf der Basis eines Vorkommnisses oder dem Nichteintreten eines solchen.
Wie gesagt, Sie müssen lernen, das große Ganze einzuschätzen, Ereignissen zuvorkommen und diese Einschätzungen in einen Plan umsetzen.

SUN TZU SAGT, …

die siegreiche Armee gewinne, bevor die Schlacht begonnen hat. Ein weiser Führer hält rigoros an Methodik und Disziplin fest, denn so liegt es in seiner Macht, den Erfolg zu kontrollieren.

Wenn Sie einmal die Gesamtsituation analysiert und einen Plan entwickelt haben, dann müssen Sie die Disziplin aufbringen, sich an diesen Plan zu halten. Es ist ein häufiger Fehler von Tradern, daß sie ihren eigenen Regeln nicht folgen. Dieses Nichtbefolgen der Regeln führt unausweichlich zu einem größeren Mangel an Disziplin und einer Reihe von Verlustgeschäften.

Sun Tzu SAGT, …

beim Militär gebe es fünf wichtige Grundregeln: Messung, Einschätzung, Berechnung, Abwägen von Chancen und den Sieg.

Benutzen Sie Ihre Einschätzung der Ausgangsbedingungen um festzustellen, wo sich Ihr Markt heute befindet und in welche Richtung (entweder auf oder ab) er sich, unter Berücksichtigung einer Änderung dieser Bedingungen, bewegen könnte. Wie wird das potentielle Risiko belohnt? Wie groß ist Ihr Kapitalanteil, den sie riskieren wollen? Wie können Sie Ihr Kapital am besten einsetzen? Sie müssen wissen, wann Sie traden und – viel wichtiger – Sie müssen wissen wann Sie aussteigen.

Sun Tzu beschliesst diese Lektion...

mit einer Analogie: Eine siegreiche Armee ist gegenüber einer geschlagenen Armee auf einer Waage wie ein Pfund gegenüber einem Getreidekorn, wie eine Wasserflut, die in einen tiefen Abgrund tost.

Wenn Sie Ihren Trade planen und gewissenhaft ausführen, werden eventuell Außenstehende Wind davon bekommen und die Massen werden in den Markt einsteigen. Schwache Positionen der anderen Seite werden schnell aufgegeben, und das bringt den Markt in Ihre Richtung und verhilft Ihnen zum Sieg.

Kapitel 5

Effektivität – Chancen nutzen

Sun Tzu SAGT, …

bei der Kontrolle einer großen Truppe hätten dieselben Prinzipien zu gelten, wie bei einer kleinen. Wenn es zu einer Schlacht kommt, zählt nur die direkte Konfrontation: Siege werden durch Überraschung errungen.

Kontrolle ist eine Sache des Standpunktes. In den vergangenen Jahren hatten die Zentralbanken dieser Welt weniger Macht als der Markt, wenn sie versuchten, in den Währungsmärkten zu intervenieren. Das Jahr 1995 brachte eine Wende. Es schien, als ob die Banken ihre Lektion gelernt hätten. Als sich der US-Dollar auf einem Rekordtiefstand gegenüber allen gängigen Währungen (Deutsche Mark, Yen, Schweizer Franken) befand, intervenierten die Banken zu unerwarteten Zeitpunkten und dann, wenn der Handel als leicht bezeichnet werden konnte – während der Öffnungszeiten der asiatischen Finanzmärkte oder während verlängerter Wochenenden in den Vereinigten Staaten oder Europa. Wenn die Neuigkeit die Runde machte und die Börse den Handel wieder aufnahm, intensivierten die Banken ihre Aktivitäten. Diejenigen, die im US-Dollar Shortpositionen hielten, überschlugen sich fast, um ihre Positionen glattzustellen und arbeiteten den Banken damit in die Hände. Die Zentralbanken erreichten somit, was bis dahin für sie nicht möglich war. Wie Sun Tzu schon sagte: Seien Sie unorthodox, setzen Sie sich keine Grenzen und werden Sie nie müde.

SUN TZU SAGT, …

ganz wie ein zu Tal rollender Stein, suchen gute Soldaten die Effektivität der diesem Stein innewohnenden kinetischen Energie.

Händler und Investoren können von der Tatsache profitieren, daß der Markt Momentum gewinnt, ganz wie ein Stein, der beim Hinunterrollen eines Hügels an Wucht gewinnt. Sie können den Markt weiter bewegen, wenn Sie Ihre Gewinnpositionen vergrößern. Der Aktienmarkt in den USA ist ein gutes Beispiel: Viele Leute werden von der Aussicht auf Gewinn in den Markt getrieben; manche gehen sogar so weit, daß sie Leerverkäufe tätigen, andere kaufen wiederum und unterstützen so die Kurse. Gelegentlich ist der Kaufdruck so hoch, daß sich die Kurse nach oben bewegen, was wiederum die Leerverkäufer dazu zwingt, ihre eingegangenen Positionen glatt zu stellen, was die Kurse weiter treibt. Außerhalb des Spielfeldes sitzen nun Leute, die es nicht ertragen können, eine Gewinnchance zu verpassen. Sie gehen los und kaufen die steigenden Werte. Dieser Zyklus wiederholt sich immer wieder und schafft so einen Markt, der sich im Grunde von selbst zu bewegen beginnt – wie ein zu Tal rollender Stein.

Sun Tzu sagt, …

Energie könne man mit dem Spannen eines Bogens gleichsetzen, eine Entscheidung mit dem Abschuß des Pfeils. Gute Kämpfer sind schnell und präzise und sie locken ihre Gegner mit der Aussicht auf einen Gewinn aus der Reserve.

Wenn Sie sich einmal auf einen Plan festgelegt haben, dann zögern Sie nicht mit der Ausführung des Trades. Wenn Sie Ihre Position im Markt haben, lassen Sie den Markt für sich arbeiten. Lassen Sie es zu, daß Panik die schwachen gegnerischen Positionen aus dem Markt spült. Wenn sich die Kurse immer besser für Sie entwickeln, greifen Sie den Verlierern unter die Arme. Wenn Kapitulation in der Luft liegt, dann stellen Sie Ihre Position mit Market-Orders glatt.

KAPITEL 6

Schwächen und Stärken – Angriff oder Rückzug

SUN TZU SAGT, …

diejenigen, die als erste auf das Schlachtfeld ziehen, seien ausgeruht und die, die nach ihnen eintreffen, seien erschöpft. Gute Soldaten bringen die Gegner dazu, zu ihnen zu kommen.

Wenn Sie Ihre Position im Markt frühzeitig aufbauen, selbst wenn Sie sich nach außenstehenden Meinungen blindlings in den Markt hineinstürzen, dürfen Sie auf keinen Fall dem Marktgeschehen hinterherlaufen. Sie werden in der Lage sein, sich den Einstieg und Ihr Timing frei zu wählen. Diejenigen, die nach Ihnen in den Markt gehen, werden feststellen, daß sie den Markt jagen müssen, was wiederum Ihre Position verbessert. Lassen Sie den Markt zu sich kommen. Beherzigen Sie eine alte Regel: »Buy low, sell high.«

Sun Tzu sagt, ...

Sie sollten an Punkten auftauchen, an welchen Ihnen der Gegner nur durch hastige Verteidigung begegnen kann. Marschieren Sie geschwind zu Plätzen, an denen Sie nicht erwartet werden.

Das Unerwartete ist hauptsächlich eine Sache des Standpunktes. Wie oft haben Sie es erlebt, daß der Handel mit einem Gap nach oben oder unten eröffnete? Manchmal, nachdem an einem Tag ein großer Preissprung erfolgte, bewegt sich der Markt am folgenden Tag weiter in diese Richtung, bis die schwachen Long- oder Short-Trader aufgegeben haben. Dann kehrt der Markt wieder zum Ausgangspunkt zurück. Dies nennt man einen Fade. Speziell beim Handel mit Futures nutzen große Marktteilnehmer einen Fade, um beispielsweise von der Käufer- auf die Verkäuferseite wechseln zu können. Im Anschluß kehrt der Markt wieder in die anfänglichen Kursbereiche zurück. Für den kleinen Trader ist es wichtig, einen Fade zu erkennen und so einen Vorteil aus der Situation zu ziehen.

SUN TZU SAGT, …

man sollte, was den Schlachtplan angeht, vollkommen verschlossen, subtil und mysteriös sein.

Kein Trader, der das Salz in die Suppe wert ist, wird Ihnen erzählen, was er zu tun beabsichtigt. Er wird es Ihnen erzählen, nachdem er seine Position eingerichtet hat, damit Sie ihm helfen, den Markt in die von ihm gewünschte Richtung zu drücken. Eine andere Taktik der ganz Großen ist es, für eine Seite zu werben, während sie auf der anderen Seite stehen und so ihre Position glatt stellen können.
Erinnern Sie sich daran, daß ein bekannter Fondsmanager in Tokio eine Rede hielt, und der Welt bekanntgab, daß man japanischen Yen verkaufen und amerikanische Anleihen kaufen sollte? Über die nächsten Monate hin, stieg der Kurs des Yen gegenüber dem US-Dollar, während die amerikanischen Staatsanleihen beachtlich an Wert einbüßten. Könnte es nicht sein, daß dieser Fondsmanager das Handelsvolumen brauchte um seine Positionen glatt stellen zu können? Das war der Beginn der »Leihe-Yen-in-Japan-und-kaufe-damit-US-Anleihen«-Arbitrage.

SUN TZU SAGT, ...

um einen Erfolg zu erringen, müsse man sich auf die schwachen Punkte des Gegners fokussieren. Um sich zurückzuziehen, müsse man schneller sein als sein Gegner.

Ein Trick der Floor-Trader sieht folgendermaßen aus: Sie kaufen und verkaufen Werte zu einem Kurs, den der Markt im Prinzip nicht hergeben würde. Kursschwankungen sehen so bedeutender aus, als sie eigentlich sind und Positionen, bei denen die Stops knapp am Kurs liegen, werden so aus dem Markt gedrückt.
Geht man von der starken Konkurrenz unter den Großen aus, können Sie dem Ganzen dadurch begegnen, daß Sie Limit-Orders in den Markt geben. Wenn Sie eine Position schnell glattstellen wollen, erteilen Sie Market-Orders.

Sun Tzu SAGT, ...

man müsse seine Feinde zwingen, sich eine Blöße zu geben, um zu entdecken, wo sie ihre Schwächen haben.

Der »Commitment of Traders«-Report kann für Futures-Trader sehr hilfreich sein. Noch hilfreicher ist es, den Open Interest und das Handelsvolumen im Auge zu behalten. Was macht der Open Interest und was tun die großen Trader? Faszinierend ist, daß sie sich oft auf gegensätzlichen Seiten befinden. Plazieren Sie sich so, daß Sie aus einer Marktbewegung heraus einen Vorteil ziehen können.
Wie leicht können Sie eine Limit-Order im Aus-dem-Geld-Bereich ausführen? Falls es zu einfach sein sollte, könnten Sie einen Fehler gemacht haben. Haben Sie ein unglaublich gutes Fill für eine Market-Order bekommen? Sie würden besser daran tun, Ihr Engagement nochmals zu überdenken.

Sun Tzu sagt, …

Kriegführung sei niemals starr. Sie ändert sich ständig, ganz wie Wasser, das sich der Erde anpaßt. Derjenige, der seine Taktik dem Gegner anpaßt, wird siegen.

Die Märkte ändern sich ständig, also müssen Sie sich auch ändern. Was letztes Jahr, letzten Monat oder gar in der letzten Woche funktionierte, muß nicht unbedingt auch heute funktionieren. Sie müssen ständig Ihre Methoden testen, um festzustellen, ob sie noch Gültigkeit haben. Sie müssen ständig Ihr Denken und Ihre Annahmen neu bewerten, um zu sehen, ob sie noch zutreffen.

Sun Tzu beschliesst diese Lektion…

indem er uns daran erinnert, daß derjenige, der seine Taktik dem Gegner anpassen kann, seltenen Scharfsinn beweist.

Wenn Sie über die Fähigkeit verfügen, Ihr Denken und Ihre Taktik den Veränderungen des Marktes anpassen zu können, werden Sie sich immer wieder als Sieger sehen.

Kapitel 7

Manöver – Positionsmanagement

Sun Tzu SAGT, …

daß es für ihn die schwierigste Aufgabe gewesen sei, eine Armee zu manövrieren. Um dies effektiv zu tun, müssen Sie den Feind täuschen und ihn dazu bringen, daß seine Annahmen über Ihre Absichten in die falsche Richtung gehen.

Dieser Ratschlag ist für große Marktteilnehmer von speziellem Interesse. Aber auch kleinere Trader müssen merken, wann sie einer Desinformation oder Täuschung aufsitzen.
Stellen Sie sich vor, Sie seien ein großer Marktteilnehmer. Sie haben die gewinnbringende Arbitrage-Möglichkeit genutzt, japanische Yen leerverkauft und das erwirtschaftete Geld dafür verwendet , eine Longposition in US-Staatsanleihen aufzubauen. Ihre Analyse zeigt Ihnen, daß sich diese Arbitrage erschöpft hat und Sie wollen nun Ihre Positionen glattstellen. Was sollen Sie nun tun? Da Sie wissen, daß die Fachpresse Ihnen jedes Wort von den Lippen abliest, propagieren Sie einen starken Dollar, einen schwachen Yen und Sie stellen ebenfalls die Vorteile heraus, die der Besitz von US-Anleihen mit sich bringt. Nun haben Sie das nötige Handelsvolumen, um Ihre Positionen zu liquidieren ohne den Markt während der Abwicklung zu irritieren.

Sun Tzu SAGT, …

Sie können keine Allianzen eingehen, bevor Sie die Pläne Ihrer Nachbarn nicht kennen.

Wenn Sie das oben erwähnte Beispiel annahmen, dann schätzen Sie ab, was die großen Marktteilnehmer machen könnten und formieren eine Allianz mit anderen Tradern, denen Sie vertrauen können.

Sun Tzu sagt, …

man könne die natürlichen Gegebenheiten nicht zum eigenen Vorteil nutzen, wenn man nicht ortskundige Führer einsetzt.

Zögern Sie nicht, sich mit Ihren Verbündeten zu unterhalten und anderen, die eventuell über fundierte Kenntnisse verfügen. Fundierte Kenntnisse sind nicht mit Insider-Informationen gleichzusetzen. Es ist schwierig, aus dem Gefängnis heraus zu traden.

Sun Tzu SAGT, ...

man solle sorgfältig über eine bevorstehende Aktion nachdenken, alle Aspekte bedenken und die gefaßten Pläne geheimhalten. Wenn man sich aber bewegt, solle man mit der Gewalt eines Blitzes zuschlagen.

Wenn Sie einmal die Lage abgeschätzt und einen Plan entworfen haben, zögern Sie nicht mit der Ausführung Ihres Trades. Zögern Sie nicht beim Drücken des Abzugs.

Sun Tzu SAGT, …

die Energie eines Soldaten sei morgens am größten. Sie schwindet in der Tagesmitte, ist am Abend erschöpft und der Soldat denkt an seine Heimkehr.

Morgendliche Märkte sind die aktivsten und liquidesten. Zum größten Teil handelt die Kulisse. Gegen Mittag sind die Märkte eher ruhig und eng. Die meisten Märkte werden am Nachmittag kurz vor Handelsschluß wieder lebhafter und ›weiter‹, aber nun handeln größtenteils die institutionellen Anleger.
Mit wem möchten Sie lieber traden? Es ist wohl besser in einen liquiden Markt mit einem guten Handelsvolumen einzusteigen und die mittäglichen Märkte zu meiden, die ganz besonders eng sind und für Ihr Konto ein Risiko darstellen.

Sun Tzu rät, …

man solle Disziplin und Ruhe bewahren und den müden und unorganisierten Feind erwarten. Dies ist die Kunst der Beherrschung der Stärke.

Ich möchte Ihnen dringend empfehlen, angemessenes Geld- und Risikomanagement zu betreiben, damit Sie nicht Herr über eine schwache Long- oder Shortposition sind. Geduld ist eine Tugend, über die nur wenige Trader und Investoren verfügen. Sie müssen die Geduld haben, auf einen passenden Zeitpunkt für die Ausführung Ihres Trades zu warten. Sie müssen Geduld beweisen, wenn Ihr Trade für Sie arbeitet und dürfen den Gewinn nicht zu früh realisieren.

SUN TZU RÄT UNS DRINGEND,

keinen Feind anzugreifen, dessen Reihen in perfekter Ordnung sind. Auf keinen Fall sollte man bergauf angreifen.

Wie oft haben Sie bei großem Volumen versucht, gegen den Trend zu traden? Ein Axiom ist: Der Trend ist Dein Freund. Wahrlich kein neuer Ratschlag, aber er besitzt immer noch Gültigkeit.

KAPITEL 8

Taktische Varianten – Seien Sie kein Einbahnstraßen-Trader

Sun Tzu LEHRT UNS, ...

in einem schwierigen Gelände kein Lager aufzuschlagen. Man sollte nicht in gefährlichen oder isolierten Gebieten Halt machen. Man werde sich sonst in einer verzweifelten Lage befinden und einem Kampf nicht ausweichen können.

Sun Tzu sagt auch, daß es Straßen gibt, denen man besser nicht folgt und Armeen gibt, die man lieber nicht angreift.

Ein weiser Rat für den kleinen, unerfahrenen oder unabhängigen Trader oder Investor. Wenn Sie normalerweise auf den Bondmärkten oder im Aktienmarkt investieren, würde es für Sie mit einer Katastrophe enden, wenn Sie sich in den Futuresmärkten engagierten ohne eine angemessene Schulung durchlaufen zu haben. Sie würden in einen Konflikt eintreten, der Ihnen schnell über den Kopf wachsen würde. Selbst wenn Sie normalerweise in Commodities handeln, könnte es ein Fehler sein, wenn Sie sich in Währungsmärkten versuchen, weil deren Gesetzmäßigkeiten andere sind.
Es ist unbedingt nötig sich an Märkte zu halten, die man auch kennt.

Sun Tzu RÄT UNS, …

keinem angetäuschten Rückzug zu folgen.

Wie oft haben Sie es schon erlebt, daß Sie eine Position im Markt hatten und bei einer kleinen Kurskorrektur ausgestoppt wurden, nur um nach einigen Augenblicken mitzuerleben, wie sich der Markt erneut korrigierte, den Ausgangspunkt erreichte und dann genau in die von Ihnen erwartete Richtung lief? Seien Sie vor diesen kleinen Kurskorrekturen auf der Hut. Disziplin und Planung sind notwendig, um Ihren Einstiegspunkt und, vielleicht noch wichtiger, Ihren Ausstiegspunkt oder Ihr Kursziel zu bestimmen. Es ist auch wichtig zu merken, wann man einfach falsch liegt.

Sun Tzu SAGT, …

weise Generäle seien vielseitig. Der General, der sich leicht anpaßt, wird wissen, wie er seine Kräfte verwendet. Der General, der sich nicht anpaßt, wird Chancen nicht nutzen können.

Dieses Kapitel begann mit einem unter Tradern bekannten Sprichwort: Seien Sie kein Einbahnstraßen-Trader. Seien Sie zum Verkauf genauso bereit wie zum Kauf. Die breite Masse ist normalerweise nicht bereit zu verkaufen, außer aus Verzweiflung oder Angst. Andererseits wickeln professionelle Trader sehr gern Leerverkäufe ab, da Kurse meist rascher fallen, als sie steigen.

Es wäre verantwortungslos von mir, einem Durchschnittsinvestor zu raten, mit Leerverkäufen anzufangen. Andererseits wäre es gut, wenn sich der Durchschnittsinvestor dieser Möglichkeit bewußt wäre und eine sich bietende Chance erkennen könnte.

SUN TZU SAGT, …

der Intelligente berücksichtige immer sowohl den Nutzen als auch den Schaden.

Wägen Sie Risiko und potentiellen Gewinn gewissenhaft ab. Ist der mögliche Gewinn das Risiko wert? Findet Ihr Kapital anderswo eine bessere Verwendung? Für mich ist ein Gewinn-Risiko-Verhältnis von eins zu eins nicht tragbar. Ich sehe lieber ein Verhältnis von drei zu eins.

Sun Tzu SAGT, ...

generell gebe es fünf gefährliche Fehler: Sorglosigkeit, Ängstlichkeit, aufbrausendes Temperament, empfindliches Ehrgefühl und zu große Rücksichtnahme auf Truppen.

Diese Fehler können auch bei vielen Tradern und Investoren gefunden werden. Seien Sie bei Ihren Trades nicht sorglos oder unbekümmert. Sie traden nur für den Profit, nicht etwa zum Spaß. Seien Sie nicht ängstlich, wenn Sie einmal eine gute Gelegenheit ausgemacht haben – attackieren Sie. Arbeiten Sie an der Position. Ärgern Sie sich nicht über einen Verlust und schwören Sie sich nicht, ihn wieder wettzumachen. Sie werden es nicht schaffen. Machen Sie sich keine Vorwürfe wegen eines Verlustes oder einer ganzen Serie von Verlusten. Finden Sie lieber heraus, was Sie falsch gemacht haben und arbeiten Sie an dem Problem. Verlieben Sie sich nicht in eine Aktie, einen Bond oder irgendwas anderes. Sie müssen lernen, daß dies eine Art von Krieg ist und Sie Ihre Positionen oder Ihr Trading vor diesem Hintergrund betrachten sollten.

Kapitel 9

Die Armee auf dem Marsch – Nehmen Sie Ihre Position ein

Sun Tzu SAGT, …

wenn man ein Lager für die Armee einrichtet, dann plaziert man dieses Lager erhöht, damit man seinen Feind überblicken kann.

In dieser Zeit, in der die Börsen täglich 24 Stunden aktiv sind, in der Informationen jederzeit zugänglich sind, in der sich Wirtschaft global abspielt, ist es unbedingt notwendig, daß Sie Märkte beobachten, die mit dem von Ihnen anvisierten in irgendeiner Beziehung stehen.
Ich gebe Ihnen ein Beispiel: Wenn die Notenbank von Japan während des asiatischen Handels beschließt, Yen zu verkaufen und US-Dollar zu kaufen, welchen Effekt könnte dies auf die Märkte haben, die an den US-Dollar gekoppelt sind? Wie könnte sich das auf den Aktienmarkt in den USA auswirken? Wenn der Yen im Verhältnis zum Dollar an Wert einbüßt, was wird auf den Aktienmärkten in Japan passieren und welche Auswirkung hat dies auf die Situation der japanischen Banken? Wenn der Wert der Aktiva dieser Banken schwindet, werden sie gezwungen sein, einige Aktiva zu veräußern. Welche könnten dies sein? Vielleicht US-Bonds? Der zugrundeliegende Gedanke ist, vorauszudenken und sich so zu positionieren, damit man aus der Situation einen Vorteil ziehen kann.

Sun Tzu rät uns, …

nicht in einem Fluß zu kämpfen.

Versuchen Sie nicht, in einem Markt zu traden, bei dem die Kurse in einem kleinen Bereich hin und her schwanken. Die Aussichten auf einen Sieg sind besser, wenn der Markt sich für eine Seite entschieden hat.
Denken Sie einmal an den S&P 500-Markt. Lassen Sie uns mal annehmen, es sei ein ruhiger Tag und die Kurse schwankten zwischen 740 und 742. Das ist der Traum eines jeden Floor-Traders. Wenn Sie im Pit stehen, wissen Sie um die Verkauf-Stops, die um die 740 liegen; also kaufen Sie. Umgekehrt können Sie die Kauf-Stops sehen, die um 742 plaziert sind, also verkaufen Sie. Für all diejenigen, die nicht auf dem Parkett sind, kann solch ein Tag sehr hart sein, wenn sie unbedingt traden wollen. Wenn Sie eine Order plazieren, dann kommt das einer Wette gleich. Die Chancen stehen nicht schlecht, daß Sie in Stücke gerissen werden. Wenn Sie aber abwarten, bis der Kurs aus einer engen Trading-Range ausbricht, sind die Chancen auf einen Gewinn denkbar besser.

Sun Tzu empfiehlt uns, …

trockenes, flaches Land zu suchen, um dem Feind gegenüber zu treten. Sun Tzu will uns auch dazu bewegen, uns um das Wohl unserer Soldaten zu kümmern. Wenn man auf festem Land sein Lager aufschlägt, wird die Armee von Krankheiten verschont bleiben und dies ist eine Voraussetzung für einen Sieg.

Die höchste Liquidität im Markt liegt im mittleren Kursbereich eines Tages. Hier findet der meiste Handel statt und hier bekommen Sie auch Ihre besten Fills. Das Handelsvolumen und die Preisverteilung sehen an einem normalen Tag aus wie eine Standard-Normalverteilungskurve. Es gibt auch Tage, an denen zwei oder drei dieser Verteilungskurven auftreten. Dies sind Tage, an denen dramatische Preissprünge auftreten, die von Panikkäufen oder -verkäufen ausgelöst werden.
Gehen Sie mit Ihrem Kontoguthaben sorgsam um. Wählen Sie Ihre »Schlachten« mit Bedacht und Sie werden erfolgreich sein.

Sun Tzu rät uns, …

daß es das Beste sei, wenn es stromaufwärts regnet, am Ufer eines Flusses zu warten, bis die Flutwelle vorbeigeflossen ist, um ihn dann zu überqueren.

Haben Sie – als kleiner oder unabhängiger Trader – jemals versucht, am späten Nachmittag in den Handel einzusteigen? Speziell im Bereich der Futures? Sie werden vielleicht festgestellt haben, daß ein solcher Trade Sie ganz einfach überfordert.
Obwohl ich die späten Nachmittage oben erwähnte, können und werden die Umstände eines überlaufenen Marktes jederzeit auftreten, wenn die Ausgangsbedingungen diese rechtfertigen. Die Anzahl der von den großen Marktteilnehmern erteilten Orders ist so enorm, daß Sie, wenn Sie auf der falschen Seite stehen, nicht mehr rasch genug aus dem Weg gehen können. Wenn Ihnen eine solche Situation begegnet, ist es das Beste, als Zuschauer dem Geschehen zu folgen und zu überleben, um an einem anderen Tag weiter zu kämpfen.

Sun Tzu ERKLÄRT UNS, …

man müsse, wenn man sich durch schwieriges Gelände bewege, jederzeit mit Überraschungen rechnen.

Ich persönlich trade niemals gegen Mittag oder an Tagen mit ruhigem Handel. Dies ist eine großartige Gelegenheit, um in einen Hinterhalt zu geraten.

Sun Tzu SAGT, …

ein Feind sei dann schwach, wenn er Gelegenheit hat Boden gut zu machen, diese aber nicht nutzt.

Seien Sie vor Kursbewegungen auf der Hut, die nicht von entsprechendem Volumen und Open Interest gestützt werden. Kursbewegungen, bei denen das Volumen gering oder bestenfalls schwach ist, sind gefährlich.

Sun Tzu SAGT, …

der General, der nicht in der Lage ist, im Voraus zu denken und obendrein seine Gegner nicht ernst nimmt, ende als Gefangener seiner Feinde.

Sie müssen vorausdenken, Ihre Aktionen planen, und dann auch die Disziplin haben, am einmal gefaßten Plan festzuhalten. Unterschätzen Sie niemals, wozu der Markt in der Lage ist.

Sun Tzu beschliesst diese Lektion, …

indem er uns daran erinnert, daß ein General, der Vertrauen in seine Soldaten hat und diese seinen Befehlen Folge leisten, alles erreichen wird.

Wenn Sie eine vernünftige Strategie haben, über die nötige Disziplin verfügen und Ihre Orders schnell ausgeführt werden, dann werden Sie erfolgreich sein.

Kapitel 10

Das Terrain – Lernen Sie den Markt und sich selbst kennen

Sun Tzu sagt, …

es gebe sechs Arten von Gelände: zugängliches, unübersichtliches, zeitraubendes, eng begrenztes, steil ansteigendes und weit entferntes. Er fügt hinzu, daß zugängliches Gelände sehr wohl für beide Seiten passierbar sei. Man sollte dem Feind zuvorkommen und an einem hochgelegenen, sonnigen Ort zuerst in Stellung gehen.

Für Sie als Trader bedeutet dies, daß Sie in liquiden Märkten handeln sollten, speziell dann, wenn Ihre Mittel begrenzt sind. Wenn Sie einmal einen Plan gefaßt haben und zu traden beginnen, gehen Sie frühzeitig in den Markt, bevor die breite Masse bemerkt, was los ist.

SUN TZU SAGT, …

unübersichtliches Gelände, wenn man es – einmal erobert – wieder preisgegeben hat, sei schwierig erneut zu besetzen. Wenn Feinde unvorbereitet sind, ist man vielleicht in der Lage, sie zu schlagen. Wenn der Feind aber auf einen Angriff vorbereitet ist und man nicht in der Lage ist, ihm eine Niederlage beizubringen, wird eine Katastrophe die Folge sein.

Für Sie als Trader ist das »unübersichtliche Gelände« ein Handelstag mit nur geringem Volumen und zufälligen Kursbewegungen. Wenn Sie in einen solchen Markt einsteigen, könnten Sie schnell in die Lage geraten, wieder aussteigen zu müssen. Es ist durchaus möglich, daß Sie versuchen Ihre Position glatt zu stellen, sich aber keine Gelegenheit bietet. Sie können vielleicht nicht einmal eine Limit-Order in den Markt geben, da der Kurs ständig gegen Sie und Ihre Position läuft.

Sun Tzu SAGT, …

in einem »zeitraubendem Gelände« könne sich keine Seite einen Vorteil verschaffen, indem sie zuerst agiert. Selbst wenn der Gegner einen attraktiven Köder anbietet, ist es das Beste, den Rückzug anzutreten.

Dieser Ratschlag trifft speziell auf die Futuresmärkte zu. Wenn ein Markt einen Kurssprung nach oben hinter sich hat, werden die Market-Maker am nachfolgenden Tag versuchen, die Kurse weiter in die Höhe zu treiben, um die schwachen Verkaufspositionen aus dem Markt zu drücken. Haben sich dann auf der Verkäuferseite alle eingedeckt und die Panikkäufe lassen nach, korrigiert sich der Kurs wieder nach unten. Bei einem Preisverfall wird das genaue Gegenteil eintreten. Hüten Sie sich vor einem Fade.

Sun Tzu SAGT, …

wenn man an einen engen Paß komme, müsse man ihn mit einer starken Garnison besetzen. Kommt der Feind zuvor, sollte man sich zurückziehen und auf keinen Fall angreifen.

Kein Kurs bewegt sich ständig nach oben oder unten. Wenn ein Kurspotential seine Grenzen erreicht hat, die Kursbewegung nach oben oder unten innehält, werden sich die Märkte über eine gewisse – möglicherweise längere – Zeit innerhalb einer relativ engen Trading-Range seitwärts bewegen und sich konsolidieren. In den Futuresmärkten gibt dies zwei Möglichkeiten an die Hand: Sie können Ihr Augenmerk auf einen anderen Markt richten und auf eine andere Gelegenheit warten oder Sie verfolgen in diesem Markt das Verhalten der anderen Trader und den Open Interest weiter um herauszufinden, wer sich auf welche Seite schlägt.

Sun Tzu SAGT, …

wenn man sich in steil ansteigendem Gelände befindet, solle man die höchsten und besten Plätze einnehmen, um seinen Feind zu erwarten.

Die meisten der unprofessionellen Trader und Investoren warten ab, bis sie sich sicher fühlen, bevor sie verkaufen oder kaufen. Dann müssen sie meistens dem Marktgeschehen hinterherlaufen. Dies ist eines der wichtigsten Argumente für einen frühen Markteinstieg. Wenn sie dem Markt hinterherlaufen, können Sie als Profi die Chance ergreifen und Ihre Position glattstellen.

Sun Tzu SAGT, …

es sei schwierig, auf einem weit abgelegenen Gelände eine Schlacht anzuzetteln. Sollten man dennoch versuchen dies zu tun, werde es sich zum Nachteil auswirken.

»Abgelegenes Gelände« sind die engen Märkte, die ruhigen Tage, die unsteten Kurse und die Märkte, in denen die Preise in engen Trading-Ranges hin und her pendeln. Kurz, die Tage, an denen professionelle Trader keinerlei Interesse an den Tag legen, einen Kauf oder Verkauf abzuwickeln. Sparen Sie sich Ihre Ressourcen für eine bessere Gelegenheit auf.

Sun Tzu sagt, ...

Generäle könnten sechs Fehler machen, die mit Sicherheit zu einer Niederlage führen: Flucht, Insubordination, Kollaps, Zusammenbruch, Disorganisation und ungeordneter Rückzug.

Er sagt auch, wenn eine Truppe auf eine zehnfach überlegenere treffe, dürfte das Resultat keinesfalls in einer Flucht bestehen.

Diejenigen, die zu viel traden, oder – gemessen an ihren beschränkten Mitteln – ein zu großes Engagement eingehen, stellen eine einfache Beute für andere dar. Das Ergebnis ist, daß diese Leute vor dem Traden Angst bekommen, es ihnen an Selbstbewußtsein mangelt und sie relativ leicht aus dem Markt gedrückt werden können.

Sun Tzu SAGT, …

Insubordination liege dann vor, wenn der gemeine Soldat stark ist, dessen Offiziere aber schwach sind.

Lassen Sie sich bei Ihren Entscheidungen niemals von Gier leiten.

Sun Tzu SAGT, …

ein Kollaps sei dann anzunehmen, wenn die Offiziere stark sind, der gemeine Soldat hingegen schwach ist.

Vermeiden Sie, bei Ihren Marktanalysen zu sehr auf Ihren Verstand zu achten und sich so selbst zu paralysieren. Gleichgültig, was Ihnen ein Computerprogramm sagt: Nur die Wirklichkeit zählt.
Trader und Investoren tendieren dazu, den Dingen zu sehr auf den Grund gehen zu wollen. Ein anderes Verhalten, das jedem Trader, aber auch vielen Investoren eigen ist, ist das blinde Vertrauen in mechanische oder computerisierte Trading-Systeme. Diese sind nur nützliche Hilfsmittel, aber sie geben keine Antworten. Nicht nur einmal riet mir die technische Analyse zum Verkauf, während aber der Markt dagegen sprach und sich der Kurs in eine andere Richtung bewegte. Allein das Geschehen am Markt zählt. Halten Sie sich zu sehr an den Ticker, werden Sie kollabieren.

Sun Tzu SAGT, …

wenn hochrangige Offiziere ärgerlich sind, ihrem Zorn freien Lauf lassen und sich eigenmächtig auf eine Schlacht einlassen, noch bevor der General eine Entscheidung fällen konnte, werde das Ergebnis ruinös sein.

Sun Tzu rät uns weiter, wenn ein General schwach ist, es ihm an Autorität fehlt, er keine klaren Befehle ausgibt und der Zustand seiner Truppen besorgniserregend ist, sei totale Desorganisation die direkte Folge.

Gehen Sie nicht aus reiner Verzweiflung heraus in einen Markt. Mit Sicherheit verlieren Sie nur Geld, weil sie überhastet gedacht und gehandelt haben.
Sie müssen sich immer strikt an Ihren einmal gefaßten Plan halten und sowohl beim Risiko-Management als auch beim Umgang mit Ihren Barreserven Disziplin walten lassen. Sind Sie beim Traden undiszipliniert, ist Chaos die unausweichliche Konsequenz.

Sun Tzu SAGT, …

ein General, der unfähig ist, die Stärken eines Feindes einzuschätzen, der mit einer unterlegenen Armee den Kampf gegen eine überlegene aufnimmt und der es versäumt, die ersten Kampfreihen mit ausgesuchten Soldaten zu besetzen, werde mit Sicherheit vernichtend geschlagen.

Eine Analogie hierzu ist ein Aktienanleger, der sich unvorbereitet anschickt, in Währungsfutures zu investieren. Die Gesetzmäßigkeiten dieser beiden Märkte sind völlig unterschiedlich und ein Engagement in Währungen spielt sich in einer gänzlich anderen Liga ab.
Traden Sie in einem Markt der Sie überfordert? Oder sind Sie in ein Szenario verwickelt, das über Ihren Horizont hinausgeht? Lassen Sie es nicht zu, daß Gefühle die Entscheidungen für Sie treffen.

Sun Tzu BEENDET DIESE LEKTION …

und teilt uns mit, daß ein erfahrener Soldat, wenn er sich einmal in Bewegung gesetzt hat, nicht mehr von seinem Ziel abzubringen ist. Wenn sein Lager einmal abgebrochen ist, denkt er nicht an eine Niederlage. Daher auch das geflügelte Wort: Wenn man den Feind und die eigenen Stärken und Schwächen kennt, ist nie an einem Sieg zu zweifeln. Wenn man obendrein noch entsprechend der himmlischen und irdischen Gesetzmäßigkeiten handelt, wird der Sieg überwältigend sein.

Lernen Sie Ihren Markt kennen! Lernen Sie alles über ihn, was Sie können. Seien Sie Ihrer Möglichkeiten bewußt: Ihrer Ressourcen, Ihres geistigen Potentials und Ihrer psychologischen Qualitäten. Seien Sie bei der Ausführung Ihres Plans diszipliniert und der Sieg wird der Ihre sein.

Kapitel 11

Neun Situationen – Überlebenstaktiken

Sun Tzu SAGT, …

in der Kriegskunst gebe es insgesamt neun Arten von Orten: auseinandersprengende, leichte, umstrittene, nach allen Seiten offene, sich kreuzende Straßen, gefährliche, schwierige, eingeengte und hoffnungslose.

Für Sie als Trader oder Investor soll dies bedeuten, daß Sie sich über die Umstände, in denen Sie sich und in denen sich Ihr Markt befindet, klar werden müssen. Wägen Sie sorgsam ab, ob Sie sich auf eine »Schlacht« einlassen wollen.

Sun Tzu sagt, …

ein »auseinandersprengender Ort« sei ein Gelände, auf dem sich lokale Größen auf heimatlichem Grund bekämpfen. Er rät, sich aus diesem Kampf rauszuhalten.

Ein »auseinandersprengender Markt« ist typisch für die letzten Tage vor der Veröffentlichung von wichtigen Wirtschaftszahlen oder für die Tage vor einem erwarteten großen Ereignis. Charakteristisch für diese Marktphase ist der Wechsel von ruhigen Handelsphasen zu Perioden rascher, unsteter Kurssprünge und großer Aktivität, wenn Spezialisten und marktbewegende Kräfte miteinander traden. Wenn Sie sich als kleiner unabhängiger Trader in einem solchen Markt engagieren wollen, kann dies für Ihr Konto verheerende Folgen haben.

Sun Tzu SAGT, …

wenn man in ein fremdes Land eindringen könne, ohne dabei große Mühe zu verwenden, dann sei dies ein ›leichter‹ Platz. Halten Sie nicht an!

Übertragen bedeutet dies: Fangen Sie mit einer kleinen Position an! Sollten Sie richtig liegen, dann vergrößern Sie Ihr Engagement. Sollten die Kurse gegen Sie laufen, dann können Sie Ihre Position ohne wirklich großen Schaden aufgeben.

Trading ist nichts anderes als Entscheidungen anhand von gegebenen Wahrscheinlichkeiten zu treffen. Lassen Sie uns mal annehmen, Sie hätten eine Gelegenheit ausgemacht. Wenn Sie eine große Order plazieren und Sie liegen falsch, sind die Auswirkungen verheerend. Wenn Sie hingegen nur eine kleine Order plazieren, können Sie sich ohne große Verluste wieder aus dem Markt zurückziehen. Wenn Sie aber mit einer kleinen Order richtig liegen, können Sie Ihre Position ohne weiteres ausbauen.

Profis sind im Durchschnitt besser als der Markt, Amateure schlechter.

Sun Tzu SAGT, …

ein Ort, der für beide Seiten von gleichem Wert ist, sei ein umstrittener Ort.

Deshalb sollte man auf einen Angriff verzichten.

Wenn sich zwei große Machtblöcke mit unterschiedlichen Meinungen im Markt gegenüberstehen, dann ist der Handel üblicherweise extrem volatil bei einem hohem Volumen und großen Trades. In einen solchen Konflikt verwickelt zu sein, kann für einen kleinen Trader äußerst riskant sein.

Sun Tzu SAGT, …

ein Platz, der für beide Kriegsparteien gleich einfach zugänglich ist, sei ein offener Platz. Man solle nicht versuchen, sich dem Gegner in den Weg zu stellen.

Der dem offenen Platz entsprechende Markt ist ein frei hin und her wogender Markt. Der Handel ist lebhaft, aber die Kursausschläge sind moderat und testen ungehindert Widerstands- und Unterstützungslinien. Wenn Sie mit dem Strom schwimmen, dann ist es einfach, in einem solchen Markt zu traden.

Sun Tzu SAGT, …

ein Ort, der in drei benachbarten Staaten eine Schlüsselrolle spielt, sei ein Ort sich kreuzender Straßen. Derjenige, der dieses Gebiet zuerst unter seine Kontrolle bringt, kontrolliert große Teile der benachbarten Staaten. Deswegen solle man nach Verbündeten suchen.

Ein Markt, auf dem sich verschiedene Interessen kreuzen, ist nichts anderes, als ein Markt, der auf einen Impuls wartet. Der Markt sucht nach einer Richtung. In den Aktienmärkten wird dies eine kleine Gruppe von Aktien sein. In den Zinsmärkten ein Teil der Zinskurve. Bei den Währungen wird eine ganz bestimmte die Führerschaft über die anderen übernehmen.

Der Aktienmarkt gibt ein gutes Beispiel: Eine bestimmte Gruppe von Aktien, vielleicht Konsumwerte, Aktien von Ölgesellschaften oder Aktien der Montanindustrie, leiten einen Trend ein und die Kurse bewegen sich vor den Kursen aller anderen Aktien nach oben. In jüngster Vergangenheit waren dies High-Tech-Werte.

Bei den Zinsmärkten ist die Sache subtiler. Zinsen beginnen normalerweise bei staatlichen und dann bei privaten Anleihen anzusteigen, ein Indikator für eine bevorstehende Rezession. So könnten Sie diese Rezession im voraus einschätzen und sich im Markt entsprechend positionieren.

Beginnen Sie mit kleinen Positionen auf beiden Seiten und wenn im Markt eine Führerschaft sichtbar wird, vergrößern Sie Ihr Engagement.

Sun Tzu SAGT, …

eine Armee, die tief in feindliches Land vorgestoßen ist, befinde sich an einem gefährlichen Ort. Sie sollte anfangen zu plündern.

Lassen Sie uns einmal annehmen, daß Sie alles richtig gemacht haben. Sie sind früh in den Markt gegangen und haben ihre gewinnträchtige Position ausgebaut. Der Markt gerät angesichts der Situation wirklich in Panik und bewegt sich immer weiter in die von Ihnen angenommene Richtung. Der richtige Zeitpunkt, um blutrünstig zu werden. Bauen Sie Ihre Position weiter aus und realisieren Sie bei für Sie günstigen Kursen Ihre Gewinne.

Sun Tzu SAGT, …

eine bergige, bewaldete, zerklüftete und sumpfige Landschaft sei

schwieriges Gelände.

Dies sind die Tage enger Trading-Ranges, unsteter Kurse und des Insider-Handels. Das Beste ist es, draußen zu bleiben und auf keinen Trade einzugehen.

Sun Tzu SAGT, …

an einem hoffnungslosen Ort könne man nur durch schnelle

Entscheidungen und stetige Kampfbereitschaft eine Niederlage vermeiden.

Deshalb gelte es, zu kämpfen!

Dieser »hoffnungslose Ort« ist für die Guerilleros unter den Tradern. Sie gehen schnell in einen Markt, schlagen zu und sind wieder aus dem Markt draußen. Geeignet ist diese Strategie nur für Profis, die vor allem in den sich schnell bewegenden Futuresmärkten traden. Profis sind auf kleine Gewinne aus: ein Viertel Gewinnpunkt bei Aktien, ein Dreißigstel eines Punktes im Bondmarkt, oder den Bruchteil eines japanischen Yen oder einer Deutschen Mark. Für einen durchschnittlichen Investor ist eine solche Strategie nicht anwendbar. Er würde schlicht in Stücke gerissen werden.

SUN TZU SAGT, ...

ein Ort, den man nur durch schmale Schluchten erreichen und aus dem man sich nur über beschwerliche Pfade wieder zurückziehen kann, wobei man schon von einer kleinen feindliche Truppe aus dem Hinterhalt überfallen werden kann, sei ein beengter Ort. Hier müsse man auf eine Kriegslist zurückgreifen.

Sollten Sie sich in einer dieser schwierigen Situationen befinden, versuchen Sie, nicht in Panik zu geraten. Denken Sie lieber über einen kreativen Ausweg aus Ihrer Lage nach. Dieser Rat richtet sich vor allem an den durchschnittlichen Investor, nicht so sehr an die Profis, obwohl es diesen ebenso ergehen kann.

Ich neige zur Überzeugung, daß es immer einen Ausweg gibt. Manchmal ist die Flucht der einzige Ausweg. Es ist besser, verwundet vom Schlachtfeld zu entkommen, als sein Leben dort zu lassen. Ein anderes Mal mag es eher angebracht sein, sich freundlicheren Märkten zuzuwenden, zum Beispiel den Optionsmärkten, vorausgesetzt, Sie wissen, was Sie tun.

Das Wichtigste ist es, nicht in Panik zu geraten. Bleiben Sie ruhig und denken Sie über Ihre mißliche Lage nach. Entscheiden Sie situationsgebunden, und wenn dies geschehen ist, führen Sie Ihren Plan aus.

Sun Tzu SAGT, …

fähige Führer wüßten seit alters her, wie man einen Keil zwischen die Truppen des Feindes treiben kann. Sie nahmen eine Schlacht nur dann an, wenn sie darin einen Vorteil sahen.

Trading ist ein reines Geschäft und Sie sollten es auch immer so behandeln. Falls Sie selbst keinen Vorteil darin sehen, in einen Markt zu gehen, dann ist es das Beste, wenn Sie auf einen anderen Tag und eine bessere Gelegenheit warten.

Als man Sun Tzu fragte, …

was er tun würde, stünde er einer großen, gut organisierten und angriffsbereiten Armee entgegen, antwortete er, man müsse sich etwas aneignen, das für den Feind von großem Wert ist.

Unter Profis ist es sehr wohl bekannt, daß Inhaber kleinerer und schwacher Positionen dazu neigen, diese glattzustellen, wenn der Kurs bei der Markteröffnung über oder unter dem Vortagshoch oder -tief eröffnet. Sie wollen Ihnen etwas wegnehmen, was für Sie von Wert ist. Da Sie das nun wissen, geben Sie es nicht so leicht heraus.

SUN TZU SAGT, …

die Quintessenz des Krieges sei die Schnelligkeit. Das bedeute nichts anderes, als einen Vorteil aus der Tatsache zu ziehen, daß andere unvorbereitet sind.

Haben Sie einmal eine gute Gelegenheit ausgemacht, zögern Sie nicht mit der Ausführung Ihres Trades. Ziehen Sie einen Vorteil aus der Tatsache, daß es schwache Positionen am Markt gibt.

SUN TZU SAGT, …

der Zusammenhalt einer Truppe sei um so größer, je weiter sie in feindliches Gebiet vordringt. Deshalb kann der Verteidiger nicht die Oberhand erlangen.

Einmal mehr: Vergrößern Sie eine gewinnbringende Position mit dem Momentum im Rücken. Vor allem in den Futuresmärkten, in denen die Verlierer sich beeilen müssen, ihre Positionen schnell glattzustellen und damit unfreiwillig den Markt zusätzlich anheizen, ist dies wichtig.

Sun Tzu SAGT, …

Soldaten verlören jegliche Furcht, wenn sie sich in einer verzweifelten Situation befinden. Wenn es keinen Ausweg mehr gibt, dann werden sie Stellung beziehen und eine einheitliche Front bilden.

Wenn ein Markt einen großen Kurssprung hinter sich hat, wird irgendwann einmal ein Punkt kommen, an dem sich der Kurs nicht mehr bewegt. Sie sollten sich dessen bewußt sein. Vor allem sollten Sie bedenken, daß bereits jemand darauf wartet, die andere Seite Ihrer Position einzunehmen. Bleiben Sie nicht zu lange in einem Markt und versuchen Sie vor allem nicht, nur bei Höchst- oder Tiefstkursen auszusteigen.

Sun Tzu SAGT, …

ein gewitzter Taktiker handle wie eine Schlange. Greift man sie am Kopfende an, wird man vom hinteren Ende angegriffen. Greift man das hintere Ende an, wird man vom Kopfende attackiert. Sollte man die Mitte anfassen, dann attackieren Kopf und Schwanz.

Seien Sie vor allem flexibel, denken und handeln Sie nicht einspurig. Die meisten Leute sind gern bereit ihr Kapital zu riskieren, in der Hoffnung, daß der Preis des Gutes ansteigt. Aber die wenigsten sind bereit, etwas leer zu verkaufen, wenn die Aussicht besteht, daß der Preis fällt. Man muß aber deutlich sagen, daß Leerverkäufe nichts für Neulinge am Markt sind. Leerverkäufer sollten über einen großen Erfahrungsschatz verfügen und sich der bestehenden Risiken bewußt sein. Es ist wohl unnötig, Ihnen zu erzählen, daß professionelle Trader gern auf einen Leerverkauf eingehen, weil Kurse gewöhnlich wesentlich schneller fallen als sie steigen.
Sie sollten lernen, das Unerwartete zu erwarten. Denken Sie im Voraus darüber nach, was erforderlich ist, damit sich etwas Positives oder Negatives ergibt. Dann überlegen Sie sich, welche Konsequenzen sich aus jeglichem Szenario ergeben könnten. Das Wichtigste ist wohl, einen Plan für jedes dieser Szenarien in der Tasche zu haben, um eventuell von der Situation profitieren zu können.

Als man Sun Tzu fragte, …

ob eine ganze Armee in der Lage sei, wie eine angegriffene Schlange zu agieren, antwortete er, das dies möglich wäre.

Flexibilität allein ist nicht genug. Sie müssen lernen, die Aktionen Ihrer Widersacher vorauszuahnen, Ihre Reaktionen zu planen und dann ohne jegliches Zögern zu handeln.
Der letzte Schrei war in jüngster Vergangenheit die Veröffentlichung der Liste der durchschnittlichen Industrielöhne und -gehälter. Die Bondkurse können verschiedentlich empfindliche Reaktionen an den Tag legen, wenn die veröffentlichten Zahlen eine Überraschung darstellen. Vor der Bekanntgabe dieser Zahlen sich für eine Seite zu entscheiden, kommt einem Glücksspiel gleich und hat nichts mit Trading zu tun. Um wie eine Schlange zu handeln, sollten Sie Stop-Orders auf beiden Seiten plazieren, oder mit Puts und Calls arbeiten. Wenn dann die Liste veröffentlicht wird, und gleichgültig, wie die Zahlen aussehen, verkaufen Sie die Verlierer und vergrößern Sie die Gewinner. Lassen Sie es zu, daß diejenigen, die falsch liegen, Ihnen zuarbeiten. Profitieren Sie von deren Schwäche.

Sun Tzu SAGT, ...

das Geschäft eines Generals sei die Verschwiegenheit. Dadurch hält er die Geheimhaltung aufrecht und bewahrt die Ordnung.

Gehen Sie bei der Planung Ihrer Trades methodisch vor. Wenn die Veröffentlichung wichtiger Wirtschaftsdaten oder -kennzahlen vor der Tür steht, planen Sie rechtzeitig, was Sie tun wollen, wenn die veröffentlichten Zahlen der allgemeinen Erwartung entsprechen, oder wie Sie reagieren werden, wenn die Zahlen eine Überraschung darstellen. Schätzen Sie ab, wie die Börse aller Wahrscheinlichkeit nach reagieren wird.

Sun Tzu sagt, …

ein General lasse seine untergebenen Offiziere und die gemeinen Soldaten über seine Pläne im Dunklen.

Wie bereits erwähnt, wird kein Trader, der das Salz in der Suppe wert ist, Ihnen erzählen, was er zu tun beabsichtigt. Jedes Mal, wenn ich einen dieser »Hellseher« im Fernsehen sehe, frage ich mich, auf welcher Seite des Marktes er wohl steht. Wenn Sie eine gute Idee haben, behalten Sie sie für sich, bis Sie Ihre Position im Markt haben. Andererseits sollten Sie bedenken, daß bereits jemand im Markt ist und nun für das entsprechende, ihm den Rücken stärkende Momentum sorgen will.
Im Internet und anderen Online-Diensten gibt es hunderte sogenannter Chat-Rooms, Interessen-Foren und -Gruppen, in denen reger Nachrichtenaustausch betrieben wird. Abgesehen von der Tatsache, daß dies für die zuständigen Aufsichtsbehörden ein echter Alptraum ist, sind dort viele Amateure am Werk, die gerade über genug Wissen verfügen, um gefährlich zu sein. Oder es sind Leute, die Werbung in eigener Sache machen, um andere dazu zu bringen, ihre bereits bestehende Position weiter in die Gewinnzone zu drücken. Gehen Sie kritisch mit dem um, was Sie hören oder lesen.
Die Nationale Vereinigung der Wertpapierhändler (NASDR) verfügt über Informationen, die Ihnen weiterhelfen. Ich empfehle Ihnen dringend, zu dieser Vereinigung Kontakt aufzunehmen.

Sun Tzu SAGT, ...

ein Armeeführer sollte handeln wie jemand, der mit der Hilfe einer Leiter auf eine Anhöhe klettert und dann die Leiter wegwirft.

Professionelle Trader und die, die es werden wollen, müssen sich ausschließlich auf eines konzentrieren – den Markt.

Sun Tzu SAGT, …

die Zweckmäßigkeit der verschiedenen Offensiv- oder Defensivstrategien, die den jeweiligen örtlichen Gegebenheiten angepaßt sind, sollten ebenso studiert werden, wie die Natur der menschlichen Psyche.

Es reicht nicht aus, nur die verschiedenen Trading-Strategien und deren Anwendung zu lernen. Sie müssen auch die Psychologie der Börse verstehen. Ich habe zahllose computerisierte Trading-Systeme kennengelernt, ebenso wie viele andere – auch historische – technische Hilfsmittel. Aber nichts kann das Verständnis der Massenpsychologie und einen »sechsten Sinn« ersetzen.

Sun Tzu beschliesst diese Lektion, …

indem er uns daran erinnert, daß man eine ganze Armee so führen sollte, als ob es sich um einen einzelnen Soldaten handelte. Wenn sich ein Soldat in Gefahr befindet, wird er nach dem Überleben trachten. Derjenige, der sich auf den Gegner konzentriert, kann diesen auch noch aus großer Entfernung töten.

Viele Trader betrachten eine Gelegenheit vor allem aus dem Blickwinkel des Risikos, das sie eingehen. Sie müssen auch lernen, die möglichen Chancen zu sehen. Vor allem sollten Sie sich ein gesundes Gewinnstreben bewahren und sich nicht von den anstehenden Aufgaben ablenken lassen.

Kapitel 12

Angriff mit Feuer – Aggressive Aktionen

Sun Tzu sagt, ...

es gebe fünf Arten, den Feind mittels Feuer anzugreifen: den feindlichen Soldaten selbst zu verbrennen, die feindlichen Vorräte zu verbrennen, den Nachschub anzuzünden, die Lager des Gegners in Flammen zu setzen und Feuer in die feindlichen Reihen zu schleudern.

Dieser Rat richtet sich vor allem an größere Marktteilnehmer. Die meisten kleinen Trader sind nicht in der Lage, einen Markt in Flammen zu setzen. Aber es ist es ihnen sehr wohl möglich zu lernen, den Auswirkungen eines in Flammen stehenden Marktes zu entkommen.

Sun Tzu SAGT, …

wenn es gelinge, im Lager des Feindes ein Feuer zu entzünden, dann sollte man schnell von außen reagieren.

Wenn sich große Trader plötzlich in die Lage versetzt sehen, daß sie zu viele Longpositionen im Markt haben, oder ihre Leerverkäufe nicht zur Gänze eindecken können, werden die anderen Händler, die dies herausfinden, alles daran setzen, um aus dieser Situation zu profitieren. Dies kommt vor allem dann vor, wenn große Marktteilnehmer eine Position zu lange halten oder versuchen, beim Eindecken Ihrer Shortposition das absolute Kurstief zu erwischen.

Sun Tzu sagt, …

wenn Feuer ausbricht, der Feind aber Ruhe bewahrt, müsse man den rechten Zeitpunkt abwarten.

Man kann es die Kunst des Sandsacks nennen. Im selben Sinne ist die Warnung zu sehen, einem falschen Rückzug nicht zu folgen. Händler täuschen oft vor, über eine Position im Markt zu verfügen, die sie gar nicht haben, um andere aus der Reserve zu locken, und sich selbst auf die andere Seite zu schlagen.

Sun Tzu sagt, …

wenn die Kraft der Flammen den Höhepunkt erreicht, dann solle man angreifen. Kann man nicht attackieren, sollte man bleiben, wo man ist.

Wenn Sie über die Ressourcen verfügen, an der Hatz teilzunehmen, sollten Sie alles in die Waagschale werfen, was Sie haben. Falls Sie nicht über ausreichende Mittel verfügen, sollten Sie dem Scharmützel aus dem Weg gehen.

Im Zeitalter des computergestützten Trading ist es möglich, daß Märkte sehr volatil werden. Eine Teilnahme kann für einen kleinen Trader ein Desaster bedeuten. Wenn einmal Panikkäufe oder -verkäufe eingesetzt haben, gibt es normalerweise kein Halten, bis die Kapitulationsgrenze erreicht ist. Wenn Sie das richtige Gespür haben und obendrein über die finanziellen und technischen Hilfsmittel verfügen, können Sie gern in einen solchen Markt einsteigen. Besser wäre es allerdings, der kalte, emotionslose »Krieger« zu sein, den Sun Tzu propagiert.

Sun Tzu sagt, …

wenn es möglich ist, einen Angriff mit Feuer von außen durchzuführen,

sollte man nicht warten, bis das Feuer in den Reihen der Feinde ausbricht,

sondern Ihren Angriff zum rechten Zeitpunkt starten.

Gelegentlich versucht eine Gruppe von Tradern einen Futures-Markt in Aufruhr zu versetzen, um die daraus entstehenden Reaktionen zu testen. Das Ziel solcher Aktionen ist es, schwache Positionen im Markt auszumachen und die Einstiegspunkte potentieller Käufergruppen herauszufinden.
Für einen kleinen Trader ist dies – zugegebenermaßen – eine schwierige Situation. Obwohl kurzlebig, sind die gegenläufigen Kursentwicklungen nicht weniger real. Sie können lediglich ihre Positionen durch Stop-Loss-Orders schützen und die Situation erneut überdenken.

Sun Tzu sagt, …

wenn man ein Feuer entfache, dann sollte man auf der Luvseite des Feuers stehen, nicht auf der Leeseite.

Wenn Sie ahnen, daß an der Börse ein »Feuer« ausbrechen wird, sollten Sie sicherstellen, daß Sie sich auf der Luvseite und nicht auf der Leeseite dieses Feuers aufhalten. In welchem Markt Sie auch immer handeln, wenn Sie spüren, daß sich der Markt zu bewegen beginnt, gibt es nur eines: Agieren Sie unverzüglich. Sorgen Sie dafür, daß sich Ihre Position auf der richtigen Seite befindet, oder verlassen Sie den Markt.
Es gibt dieses alte Sprichwort: Handle nicht gegen sondern mit dem Markt. Soviel dazu.

Sun Tzu sagt, …

Winde wehten über den Tag hin stetig, bei Einbruch der Nacht ließen sie aber nach.

Hier und heute, wann ist es bei uns Nacht? Es gibt den asiatischen, den europäischen und den nordamerikanischen Handelsplatz. Der Handel wandert von Tokio nach London und von dort nach New York. Die Tatsache, daß eine Handelssitzung heute 24 Stunden dauert, gilt mehr für die Bond- und Währungsmärkte als für den Handel mit Aktien. Für einen kleinen Trader ist es am besten, wenn er den Einsatz der Mittel in den fremden Märkten begrenzt.
Als bestes Beispiel für obige These dient wohl der Währungsmarkt. Der Währungsmarkt ist vom Volumen her mit Abstand der größte Markt weltweit; daneben nimmt sich jeder Aktienmarkt mickrig aus. Die Marktteilnehmer sind meistens institutionelle Anleger. Relativ häufig kann man während der asiatischen und europäischen Handelssitzungen dramatische Kurssprünge verfolgen, aber wenn der Handel in New York eröffnet, sitzen die Kurse fest wie die sprichwörtliche Tonente.
Sollte sich ein kleiner Trader mit dem Gedanken tragen, in diesem Markt zu handeln, ist es besser, nur mit kleinen und risikobegrenzten Positionen einzusteigen.

Sun Tzu sagt, …

man solle sich nicht bewegen, bis man einen Vorteil erkennt. Man solle die Truppen nicht einsetzen, es sei denn, es gibt etwas zu gewinnen. Man solle nicht kämpfen, es sei denn, die eigene Lage beginnt kritisch zu werden.

Wie bereits erwähnt: Sie traden nicht zu Ihrem Vergnügen oder zum Spaß. Sie traden, um damit Geld zu verdienen. Trading ist ein riskantes Geschäft, ganz speziell bei Optionen und Futures. Sie verdienen Geld damit, Risiken zu tragen. Und deshalb sollten Sie Ihre finanziellen Reserven nicht leichtfertig aufs Spiel setzen.

Sun Tzu beendet diese Lektion, …

indem er daran erinnert, daß es sich nur lohnt zu agieren, wenn es zum Vorteil gereicht. Wenn ein Königreich einmal vernichtet ist, kann man es nicht wiederherstellen, auch kann man Tote nicht wieder zum Leben erwecken. Dies zu vermeiden, das ist der Weg, wie ein Königreich regiert werden sollte.

Es wurde nicht nur einmal gesagt, daß das Geschäft eines Traders vor allem darin besteht, im Geschäft zu bleiben. Wenn Ihre Methoden und Ansätze riskant sind, wird Ihr Guthaben schnell verschwunden sein und Sie sind aus dem Geschäft. Deshalb sollten Sie immer folgenden Rat beherzigen: Agieren Sie, wenn Sie eine Gelegenheit ausgemacht haben und seien Sie zufrieden untätig zu bleiben, wenn Sie keine Gelegenheit erkennen können.

Kapitel 13

Spione – Der Aufbau eines Informationsnetzes

SUN TZU SAGT, …

es sei die Weitsicht, die es einem weisen Regenten oder einem guten General ermöglicht, Ziele zu erreichen, die außerhalb der Reichweite eines normalen Menschen liegen. Über diese Weitsicht muß ein Herrscher verfügen.

Wir alle wissen um die im Aktienhandel geltenden Insider-Regeln. Vor dem Gesetz ist die Verwendung von Insider-Informationen strafbar. Das soll nun aber nicht heißen, daß Sie keine Beziehungen zu anderen Personen unterhalten dürfen, denen Sie vertrauen und mit denen Sie Gedanken austauschen.

Sun Tzu SAGT, …

falls eine Nachricht bekannt wird, bevor sie ein Spion berichten kann,

müsse der Spion getötet werden.

Seien Sie vor Gerüchten aus zweiter Hand auf der Hut! Das Verbreiten von Insider-Informationen ist illegal. Das heißt aber nicht, daß es nicht vorkommt. Ich kann hier nicht sagen, wie oft ich eine »Neuigkeit« von verschiedenen Seiten gehört habe. Gerüchte stellen sich im Nachhinein meistens als falsch heraus. Hüten Sie sich davor, auf der Basis falscher Informationen zu entscheiden.

Schlusswort

Zu Beginn dieses Buches habe ich erwähnt, daß Sun Tzu mir half, meine Ansichten über die Börse zu ändern. Sie haben sicherlich bemerkt, daß es keine magischen Kursausschläge gibt. Es gibt keine geheimnisvollen Indikatoren. Die Essenz von Sun Tzus *Die Kunst des Krieges* ist, daß er uns zu lehren versucht, wie man sowohl den Gegner als auch die strategische Situation einschätzt, wie man flexibel agiert und sich einer sich ständig ändernden Umgebung anpaßt. Und schließlich , wie man methodisch vorgeht und erkennt, wann es besser ist zuzuschlagen oder von einem Angriff abzusehen.

Die wichtigste Lehre, die ich aus Sun Tzus Werk ziehen konnte, ist, daß ich immer einen klaren Kopf zu behalten habe. Ich hoffe, die Lektüre dieses Buches hat bei Ihnen dasselbe bewirkt.